내 이름을 별하라 불러주면 좋겠어

정문정 시집

상상인 시인선 084

숨을 참으면 둥둥 뜨는 몸

몸이 차가워질수록 왜 가려운지

가렵다는 건 꽃이 피려는 증거

•본문 페이지에서 한 연이 첫 번째 행에서 시작될 때에는 〈 표기를 합니다.
•저자의 의도에 따라 작품의 보조 동사와 합성 명사는 띄어쓰기가 달라질 수 있습니다.

시인의 말

누군가의 기록 속으로 강물이 흐르고
궤도를 이탈한 행성은
일지 않 이름들 사이로 흐른다

아픈 사람들을 생각하며
무릎을 낮추는 시간

내 눈물로 네 이마가 환해지고
별이 더 반짝이기를…

2025년 푸름이 붉어지도록
정문정

차례

1부 불꽃이 아득한 곳에 닿을 것만 같아

기억주의보	19
잠벌레	20
내 안에 기린이 살고 있다	21
타오르는 흰빛	22
캔디라이트	23
그래도 꽃은 피고 가끔 웃기도 하고	24
바라보는 방식에 대하여	26
卯月에 태어난 아이	27
벽璧	28
뇌심장	29
해의 무늬	30
뭐해? 뭐, 해!	32
경주에서나 가능한 일	34
개와 함께	36
오래 아픈 사람은 서서히 잊혀집니다	37

2부 바람이 빈자리를 어루만질 때

멈추지 않는 그린란드로 간다	41
새벽 두 시의 산책	42
자투리 그림자	44
백일 동안 해만 뜨는 중	45
어떤 예감	46
어쩌라구요	48
실버 미용실	50
감나무에 달을 걸고	52
누가 내 이름을 불러주었으면	54
동그라미가 숨겨진 눈동자	56
커튼콜	57
아, 아메리카노	58
옹기 와불	59
당신도 산성인가요?	60
쏟아지는 비상구	61

3부 오른쪽은 왼쪽에서 가장 먼 곳

오래된 여름의 그늘	65
지워지지 않는 그림	66
한통속이 될래요	67
사라진 눈썹	68
스투키	69
시끄러운 잠	70
분수에서 넘치는 말	71
감이 좋아야 간이 맞지	72
달의 분화구	73
지는 손	74
지뢰밭	75
변검變臉	76
신용부가	78
이명이라고 명명	80
선인장 공식	81

4부 초승달을 하늘에 걸어놓고 물을 주었지

소리 수리 중	85
헛 디딘 눈동자	86
날 수 있을지도 몰라	88
이해관계자의 불능 거위	89
발만대장경	90
사랑치매	91
11월 끌어안기	92
유통기간	94
문과 벽	96
흰색 유령	98
낙타佛	100
조금만 더 참으면 돼요	101
월식	102
다독다독 키우는 다육이	103

해설 _ '유령되기'에서 '식물되기'로　　　　　105
이성혁(문학평론가)

1부

불꽃이 아득한 곳에 닿을 것만 같아

기억주의보

집을 삼킨 호숫가에 기억학교가 있다
잃어버린 기억을 찾아준다는데
그 말을 믿을 수가 없다

나는 물속에 집을 두고 온 사람

노인들만 기억을 잃어가는 게 아니다
날씨가 흐린 날은 눈앞이 아득해진다

벚꽃잎이 흩날린다
집을 삼킨 후 호수는 안개발전소가 되었다

안개주의보가 뜰 때마다
경계가 무너지는 그곳으로 간다

엄마를 그곳에 보낼 수가 없었다
태어난 곳이 물속이란 말은 슬픈 운명

오래전 물속에 나를 두고 왔다

잠벌레

잠 밖으로 기울어진 생각
못 잔 잠은 어디 가서 쌓이는 걸까
잠이 다 빠져나가도 몸을 세울 수 있을까
누군가 삽으로 잠을 푹푹 퍼내고
몸은 구석에서 구석을 찾고

커다란 잠벌레였는데
등만 대면 잔다는 말도
나이가 들면서 잠과 함께 실처럼 풀려
구석이 환한 밤마다 뜨개질을 했지
목도리도 뜨고 조끼도 뜨고 가디건도 뜨고
마지막 뜨는 건 수의일지도 몰라
잠뭉치의 실을 뽑아서 뜨는데
왜 몸의 실이 풀리는지
뭉친 실 다 풀리면 가벼워져
불씨처럼 날 수 있으려나

내 안에 기린이 살고 있다

그가 수수께끼처럼 말했다
한 번도 쉬지 못하는 곳이 어디일까요?

초음파 사진을 보여주었을 때
기린이 내 몸속에 있다는 것을
처음 알았다

언제부터 저기 살고 있었나
내가 한 번도 만난 적 없는
좀 가여워 보이는 사진 속 기린

언제쯤 무게를 벗을 수 있나
밤낮으로 짐을 지고
누워서도 쉬지 못하는 기린

짐을 덜어주고 싶다
내가 가벼워지면 내 속의 기린이
쉴 수 있지 않을까

타오르는 흰빛
- 서귀포

꽃봉오리가 촛불 같아

그날부터 꽃몸살이 시작되었다

밤마다 의식을 치르는 꽃

흰색은 하늘과 맞닿아 있는 빛

불꽃이 아득한 곳에 닿을 것만 같아

에스프레소를 마시며 뜬눈으로 지낼 때가 많았다

바람이 대문을 여닫는 소리

대문을 빠져나가는 흰빛이 있었다

캔디라이트

손바닥선인장을 들여놓았다
사막이 점점 평수를 늘리고 있다
물을 많이 주지 마세요

나는 착한 사람이 되기로 했다

해피트리 나뭇잎이 시들고
스킨답서스가 초록빛을 잃어갔다
물 카라는 꽃을 피우지 않고
제 잎을 안으로 돌돌 말았다

죽순처럼 자라던 아이가 야위어 가고
남편의 귀가가 점점 늦어졌다
식탁 위 반찬은 묵나물처럼 물기를 잃어갔다

누군가 집안에 수족관을 들이라고 했다
냉장고 크기의 대형 수족관이 들어왔다

수족관 문을 열어주자
커다란 물고기 한 마리
집 안을 돌아다닌다

그래도 꽃은 피고 가끔 웃기도 하고

바닥에 널브러져
파편이 되어 서로 몸을 부딪치더니
너무 쉽게 시들어 버린다
바닥에 뒹구는 햇살

손바닥 위에 올려놓자 온기가 느껴진다
꽃에도 피가 흐르는지
내 몸에서 바람 소리가 났다

안 보겠다고 고개를 돌리는데
꽉 쥔 주먹이 풀리자
울음이 깨졌다

백합꽃과 그는 어울리지 않았다

내 손에 백합 화분이 들려 있다
해마다 꽃을 피운다

화분을 버릴까 말까
그의 손길이 남아 있는 백합 구근
〈

죽였다가 다시 키우기를 수차례
두엄 냄새와 꽃향을 남기고
그가, 갔다

미워할수록 냄새는 더 짙어진다

바라보는 방식에 대하여

지그재그로 뛰어간다
오른쪽 앞다리가 없다
뒤뚱거리며 물가로 달려가는 강아지
세 발을 담그고 꼬리를 살짝 적신다
앞서가던 주인은 고여 있는 구름을 본다
강아지 혼자 절룩거리며 뛰어간다
동네 개들은 세 발 강아지를 비켜 간다
한참 멀리도 갔다가 되돌아온다
자존감이 강한 녀석이에요
꼬리를 꼿꼿하게 올린 강아지를 보며
개 주인이 포도씨를 뱉듯 툭 말한다
그의 말속에서 봄바람이 살랑거린다
목련나무 가지에 핀 꽃봉오리 하나
강아지 꼬리로 옮겨왔다
강아지가 뛸 때마다
꽃봉오리가 꿈틀,

丑月에 태어난 아이

정월 초사흘 丑月에 태어난 아이
울지 않아 윗목으로 버려졌다던데

주먹을 움켜쥐는 일이
운명이 되었을까

열감지기에 포착되지 않는 몸
가느다란 혈맥이 겨우 지나가고

손이 없네요 발도 없네요
촬영이 잘못된 거 아닌가요?
사진 속 토르소가 나를 보고 웃는다
손발만 둥둥 떠다니는 것보다는 낫지 않을까요?
심장만 살아 있다는 차가운 농담

오장육부가 길을 잃고 헤매는 중
깊은 바다가 복부에서 소용돌이치고
바닷속을 헤엄치는 심해어 한 마리

하늘과 바다를 가르는 수평선
수평선을 끌고 가다 보면
몸에서 손발이 필까요?

벽壁

벽을 만난다 내 앞을 가로막는 벽
신호등 앞에서도 만나고 백화점 주차장에서도 만난다
벽이 자꾸 따라와요
저 벽 좀 치워주세요
벽 사이를 빠져나가다가 중앙분리대를 들이박는다
여기서 유턴하시면 안 됩니다
경찰의 제지를 받는다
벽 때문이에요
나를 따라다니는 벽, 나보다 먼저 와서 기다리는 벽
불을 끄면 사방이 벽,
벽 때문에 잠을 잘 수가 없어요
정신과 의사는 내 안에 벽이 살고 있다고 했다
무슨 일이 있나요?
벽이 점점 자라고 있어요
무조건 제거하는 게 능사는 아닙니다
잘못 건드리면 죽을 수도 있어요
벽 때문에 힘든데 벽 때문에 사는 거라고 했다

나는 어리둥절한 벽이 되어 그 방을 빠져나왔다

뇌심장

뇌에 종양이 있다는 MRI 진단을 받고 난 후,
화가 나면 머리털이 거꾸로 선다
울고 싶을 때도 뇌가 먼저 운다
뇌가 먼저 흥분하기 시작한다
피 군단이 뇌로 몰려왔다가 온몸으로 퍼진다
땀방울이 머리에서 얼굴을 타고 내려온다
목줄기를 따라 가슴골로 다리로 길을 낸다
배꼽에서 멈춰 선 땀방울이 잠시 길을 잃는다
핏줄도 제 갈 길을 못 가면 요동치는 소리를 낸다
으르렁으르렁, 하루도 조용할 날이 없다
내 몸은 위, 아래가 반으로 나뉘었고
배꼽을 사이에 둔 채 열대와 한대가 공존한다
얼음으로 얼굴을 문지르며 발은 담요에 싼다
아래쪽에 빙하가 떠다녀서
머리 꼭대기에 침을 맞았다
지금은 심장이 뇌로 가는 중

해의 무늬

여자는 눈앞에 떠다니는 하얀 거품을 잡느라 정신이 없다

- 선크림은 바르지 마세요
- 선글라스도 끼지 마세요
순수한 햇볕을 그대로 입으라는
해처럼 울렁거리는 말

비타민D가 부족해 생기는 병명과 먹지 말아야 할 음식들이 입에서
쉼표 없이 줄줄 나온다

남의 말을 잘 듣지 않는군요
내 귀는 오른쪽과 왼쪽이 어긋나 있다

그가 라디오 주파수를 맞추듯 머리에 침을 놓는다

문을 열고 나오자
새로 태어난 햇빛 알갱이들이 눈으로 귀로 쏟아져 들어왔다
다시 우주와 연결되는 기분

〈
햇빛을 쬐자 팔다리에 피가 돌았다
외투를 벗자 접혀 있던 날개가 파닥거렸다
달거리를 시작한 여자처럼 햇빛에서 비린내가 났다

뭐해? 뭐, 해!

잠시도 쉬지 않고 따라다닌다
열다섯 평이 비좁게 따라다닌다
부엌에서 베란다로 거실에서 화장실로
끈에 묶인 듯 간다
끈 놓으면 죽을 듯이 간다
설거지를 해도, 뭐해?
빨래를 해도, 뭐해?
다른 말은 사라지고 뭐해? 만 남았다
수증기가 날아간 소금처럼
짭짤한 말, 뭐해?
그녀의 인생을 한 마디로 퉁치면
뭐해? 가 된다
밥을 먹어도 뭐해?
청소를 해도 뭐해?
분리불안이 있는 아이처럼 따라다닌다
뭐해? 라고 물을 때마다
그녀의 신발끈을 단단히 조여준다
가끔씩 역할 바꾸기를 한다
나는 죄수가 되고
그녀가 짐승을 끌고 간다
그녀가 떠난 뒤 뭐해? 가 남았다

귓속에 꽂아둔 녹음기처럼

하늘을 쳐다봐도 뭐해?

경주에서나 가능한 일

일찍 온 사람도 늦게 온 사람도 기다리고 있다
얼마나 기다려야 하나요?
주인은 다만 미소만 지을 뿐
그의 미소가 냄비뚜껑을 열고 날아갔다
삼십 분이 지나고 한 시간이 지났다
한 시간이 지나고 두 시간이 지났다
굶은 배 속이 긁히기 시작했다
왜 이리 늦는 거야?
마침내 샐러드가 나왔을 때 눈동자가 풀렸다
눈과 코와 혀가 맛보는 맛의 통각
도미노처럼 경직이 풀렸다
그 음식은 단순한 음식이 아니었다
한 접시에 불과했지만 한 접시가 아니었다
첫 번째 음식을 잊을 때쯤 두 번째 음식이 나왔다
탑을 쌓아 올리듯 맛이 조금씩 더해졌다
밥을 먹는데 왜 마음이 가지런해지는 거지?
부처님 앞에 놓인 밥을 먹듯 손이 공손해졌다
밥을 먹는데 왜 뭉클해지는지 몰라
그의 마음이 내게로 건너오는 것 같았다
풍경이 지나가는 기분으로 그를 쳐다보았다
그는 조금도 서두르는 기색이 없었다

손님들 중 누구도 재촉하지 않았다
작은 식당이 법당처럼 고요해졌다
도마질 소리와 숟가락질 소리가 화음을 이루었다

개와 함께

　무술년戊戌年에 무수히 아팠지 시름시름 신병이라도 난 것처럼, 병원이란 병원은 다 찾아다녔지 병명이 나오지 않으니 온갖 병명을 다 갖다 붙이더라 정신병 환자 취급받고서야 병원을 끊었지 사주팔자대로 사는 거라고 체념해 버렸어 흙에 파묻혀 해를 보지 못해 아프다더군 팔자타령에 기꺼이 장단을 맞춰 주었지 술날은 몸이 먼저 반응을 해 아프지 않으면 사건 사고가 나고 구설수로 머리가 시끄러웠어 갑술날도 무술날도 임술날도 일진은 나를 피해 가지 않았지 부부싸움은 꼭 술날에 하게 되고, 십 원짜리가 굴러다니는 날도 술날이야 목소리 큰 개가 뒤에서 짖어대고 내 개는 매번 타이밍을 놓치지 미친개한테 물렸다고 하기엔 억울해 그런 날은 퇴근하자마자 술을 마시게 되더군 술시가 되기 전부터 개들을 소환해 보는 거야 지나간 시간들이 술잔 따라 오르락내리락, 개 같은 남자들만 스쳐 갔던 젊은 날도 개가 대운에 떡하니 버티고 있었지 개를 떠나고 싶은데 개를 벗어날 수가 없어 지금도 꼬리를 흔들어대는 개와 함께 웃어야 할까, 난 이제 잘 모르겠어

오래 아픈 사람은 서서히 잊혀집니다

꿈속에서 우는 여자를 만났습니다
왜 우냐고 묻자,
아직 살아있는데 죽었다고 합니다

오래전에도 그녀는 죽었습니다
연탄가스 세 번을 마시고 저승 문턱을 넘었습니다
고속도로에서 차 뒷문을 뚫고 가드레인을 넘어갔습니다
몇 번을 더 죽어야 진짜 죽는 걸까요

두 자릿수를 고집하는 혈압은 25시간을 넘기고
소음군이 점령한 귓속은 다른 문을 두드리다가
서서히 스러지고 있습니다

우는 일이 하루 일과가 되었습니다
호수에 돌을 던지자 눈물도 빙빙 돌아요

너무 울어서 눈이 안 보이는 두억시니
눈두덩은 눈물의 무덤

길게 아픈 사람은 안 아픈 사람입니다

2부

바람이 빈자리를 어루만질 때

멈추지 않는 그린란드로 간다

한번 흐르기 시작하면 멈출 줄을 모른다
달래다가 화를 내다가 포기하고
뒤돌아서고 만다
혼자가 된 뒤에야 그치더니
거짓말처럼 하늘이 맑다
위로할 때 맑은 물이 흐르기 시작한다
모른 척하면 흐르지 않는
절대 울지 않는 아이
울지 않아서 매를 부르는 아이였는데
노란 리본을 봐도 물이 흐르고
길가의 핏자국을 보고도 물이 흐르고
분수대 물줄기를 보고도 물이 솟구친다
사람들은 병원에 가보라고 하는데
어느 병원에서 어떤 병명을 줄 수 있을까
밖의 물이 안의 물을 깨우면
심장에 떠 있는 빙하가 녹는다
인제 그만, 울지 않기 위해
그린란드로 간다

새벽 두 시의 산책

그가 집을 나갔다
잠옷 차림에 중절모를 쓰고
백구두에 지팡이를 짚고
이 층 계단을 내려갔다
횡단보도를 건너고 다리를 건너갔다
어디로 가시나요?
건너편 망진산으로 간다고 한다
흰옷을 입고 수염을 기른 이가 불러
저기 안 보여?
눈을 감아도 보인다고 한다
어디서 그런 힘이 솟는 것일까?
평소 걷지도 못하는 노인이
그녀의 손을 거칠게 밀어냈다
그림자가 그의 뒤를 따라갔다
산으로 들어가면 돌아오지 못할까 봐
두려워하는 건 그녀의 몫이었다
다리 아래로 강물이 커다란 입을 벌리고 있었다
그만 집으로 돌아갑시다
강물 소리가 떨리는 목소리를 삼켰다
119 숫자를 몇 번 누르다가 말았다
바람에 펄럭이는 잠옷 자락이 사라져 눈을 감았다

산 중턱에 있는 절에서 타종 소리가 울렸다
스물일곱 타종 소리에 그가 무너져 내렸다
한 발자국도 걸을 수가 없어
그녀도 그 옆에 주저앉았다
안개 속, 사이렌 소리가 가까워지고 있었다

자투리 그림자

꿈에서도 재봉틀을 밟아요
가로 36센티 세로 170센티
해진 그림자를 박고 있어요

가녀린 목은 꺾인 지 오래
아무리 재봉틀을 밟아도 그림자는 밟히지 않았어요

귀신은 눈도 없나? 저런 인간 안 잡아가고
이웃이 하는 말은 가슴 안주머니에 넣고
봉해 버렸어요

참는 게 병이라는 것을 몰랐어요
암세포에도 수를 놓는 당신

상처는 수선할 수 없나요?

말기 암이라서 다행이야
이제 덧댈 천이 남아 있지 않다고 하네요
자신의 삶을 자투리로 다 사용하고 가는 당신

수술 후 깨어나지 못한 사흘이 차라리 극락이었다고 하네요

백일 동안 해만 뜨는 중

하얀 원피스를 입고 흰색 양산을 쓰고
가부키처럼 분칠을 뒤집어쓰고 지나간다
280번 버스 유리창이 햇빛을 받아 하얗게 빛난다
제주도 비행기가 흰색 스프레이로 비질을 한다
여름 한낮의 흰빛은 데일 듯하다
머리부터 발끝까지 하얀 여자가 인사를 한다
안녕하세요? 그녀의 목소리가 땅에 닿지 않는다
헛것이 보여 뒤로 움찔 물러난다
요즘 저승사자는 흰옷을 입고 다니나?
저승사자는 벌건 대낮에 다니나?
그 여자가 사라진 자리에 멍하니 서 있다
축포를 쏜 막대기처럼 남겨진 채,
고속도로 가림막이 태양을 향해 백색 광선을 쏟다
여름 한낮의 다리가 무지개처럼 걸려 있다
나만 빼고 세상이 온통 발광하는 중이다

어떤 예감

그가 나를 찾아왔다
왼쪽으로 기우뚱거리는 걸음으로

왜 찾아온 것일까
멀쩡할 때는 한 번도 오지 않더니

그는 팔 한쪽을 허락하지 않았다
기울어서야 품을 내어주었다

머리로는 거부하는데 손이 먼저 나간다
볼을 어루만지고 머리를 쓰다듬는다

깜짝 놀라 돌아눕는데
내 맞은편에 와서 누워 있다

다급하게 밀어내지만
그는 미동도 하지 않는다

남편이 깨면 어쩌나?
발을 동동거리다가 잠이 깼다
빈자리를 쓸어보고서야 숨을 길게 내뱉는다

〈
그를 피해 거실로 나간다
거울 속 눈길을 피해 버린다
어쩌다가 그런 꿈을 꾸게 된 걸까
아프기를 바랐던 것은 아닐까

꿈을 확인하고 싶은 손가락을 지그시 누른다
펄럭이는 비닐 위에 돌멩이를 올려놓듯이

어쩌라구요

당신의 전생이 궁금합니다
개였습니까?

횟집에서는 비린내가 난다고 돌아서고
고깃집에서 누린내가 난다고 돌아서고

매일 집밥만 고집하는 당신,
코를 베어 버리고 싶군요

누린내도 싫다 비린내도 싫다

지지리 못 살아서 그래
유년의 가난을 더 구차하게 만드는
변명 따위는 개한테나 줘 버리시죠

냄새 안 나는 음식이 있나요?

임플란트를 하자 쇠냄새가 난다고 돌아서고
어쩌라구요

풀만 먹고 사는 당신

소를 데리고 오세요

개도 당신을 피하는 이유를
맡아 보실래요?

실버 미용실

햇빛이 종을 치면
양 떼들이 풀밭에서 노닐어요

글자들은 부서지고 양 떼들도 일제히 흩어질 때
미용실 전등판만 하얗게 빛나요

*Silver*만 오세요
흰 머리카락이 깃발처럼 휘날리는
30년 만에 다시 가위를 든 여자

가위질을 하면 시간이 빨리 죽어요
케익을 조각내면 금방 사라지듯이
얼마나 남았을까요 혼자 남겨진 시간은

무작정 기다리지 않을래요
양 떼들이 흰 구름으로 날아갈 때까지

분위기를 좌우해요
머리카락은 죽어가면서도 자라고
흰 머리카락은 잘 뽑히지 않고
풀밭을 다 먹어 치워야 해요

사막이 될 때까지

언제부터 실버인가요?
나이는 상관없어요

*Silver*라고 생각하면 구름
나는 빠르게 흩어지죠

감나무에 달을 걸고

파란 대문 안쪽에 감나무가 있었다

감꽃이 피는 밤마다
달을 쳐다보던 며느리가 있었다

나뭇잎 사이로 보이는 달이 좋아요
아들은 눈웃음을 지었고
시어머니는 눈살을 찌푸렸다

풀 때문에 못 살겠다고 낫을 휘두르던 어머니
모기가 극성을 부리던 어느 날
마당을 시멘트로 포장하자
감나무는 거추장스런 존재가 되었다

바닥에 나뒹구는 감꽃과 나뭇잎과 덜 익은 풋감

마침내 감나무를 베어내 버렸다

그날 밤 며느리는 집을 나갔다
감나무 밑동에 한참을 앉아 있었다고 한다
〈

밑동 위에 신발을 얹어두고
그녀는 어디로 간 것일까

감나무 귀신을 따라갔다는 소문이 낮달처럼 기웃거렸다

누가 내 이름을 불러주었으면

모르는 사람들이 저만치 돌아서 간다

문구집 아줌마는 지나간 자리에 물을 뿌린다
세탁소 아저씨는 눈을 마주치지 않는다
분식집 여자는 침을 탁 뱉는다

인사를 하는데 목소리가 나오지 않는다
건널목을 건너는데 발걸음이 떨어지지 않는다

신호등이 빤히 쳐다보고 있다
차들이 비켜 가고 있다

횡단보도 한가운데 우두커니 서 있다
가고 있는 것인가 오고 있는 것인가

별이 보인다 감은 눈에만 보이는 별
장바구니에 담긴 무 하나와 대파 줄기가
북극성을 가리킨다

사람 냄새 맡으러 나섰다가 돌아가는 길
집은 점점 멀어지고

〈
무사히 돌아갈 수 있을까

신호등이 바뀌는 순간
자리를 이탈하는 북극성

동그라미가 숨겨진 눈동자

강이 내려다보이는 언덕 위 하얀 집에 살고 있는 미라
젊은 여자와 리트리버 한 마리가 지키고 있다
미라의 눈동자는 액자에 걸린 구름에 맞춰져 있다
액자는 풍경을 갈아 끼우는 것으로 벽시계와 나란하고
눈만 살아 있는 미라
눈동자가 시곗바늘을 따라갔다가 돌아오기를 반복
한다
여자는 미인도 속 그림처럼 앉아 있다
시간이 자주 멈추는 그곳에 가면
리트리버 한 마리가 미라를 깨우려
혀로 핥아주고 몸을 비비며 온기를 전하고 있다
꼬리를 흔들면 장면이 바뀌는 세상
눈동자는 크기에 따라 의사소통을 달리한다
혀가 굳어가는 미라
말은 동그라미를 완성하지 못하고 허공에 흩어질 때
가 많다
한 달에 한 번씩 방문하는 사회복지사는 매뉴얼에
따라
미라의 손을 잡고 머리를 쓰다듬고 발가락을 펴준다
기계가 여전히 잘 작동하고 있는지 확인하려는 것처럼

커튼콜

계단을 따라 파란 눈들이 매달려 있습니다
들쭉날쭉 뱃전을 때리는 물고기들
파도가 넘실거리면 통증이 시작됩니다
첫 아이를 낳고 몸조리를 못 했거든요

뼈마디가 쑤시는 건 물고기가 헤엄치기 때문
깃발이 흔들리면 같이 흔들렸어요
커튼 뒤 그림자가 다가와
벌리세요! 철썩!
파도가 귓전을 때릴 때마다
기계 소리가 삼켜버리는 말들
비명소리가 날개를 폅니다
나팔관 여기저기 노크해 보다가
전부를 없애야 살 수 있습니다
실뿌리처럼 매달려 있는 것들
덩어리째 파도에 휩쓸려 가고
바람이 빈자리를 어루만질 때
먼 데서 북소리가 들려옵니다
발 없는 것들이 떠나가고 있습니다

아, 아메리카노

    어떤 냄새는 목젖에 달라붙지 냄새 때문에 목젖이 부풀기도 해 이슬에 걸린 거미줄은 허공의 무게를 알지 커피를 마실 때마다 목젖이 늘어지는 기분이야 커피 맛이 소태 같아 뭘 감추려고 달달 볶았을까, 탄내가 나는 것들은 수상해 어둠이 섞인 색을 탄 맛이라고 해도 될까 커피 맛 때문에 휴화산은 활화산이 되고 머리카락은 활엽수가 되어 타오르고 있어 도대체 나를 뭘로 보는 거야? 촌에서 왔다고 입맛까지 촌스러운 건 아냐 명절 음식을 사 왔다고 화를 내는 시어머니도 옷 산다고 잔소리하는 남편도 여자친구밖에 모르는 아들도 다 참을 수 있어 그 정도는 아무것도 아냐 더 힘든 시절도 있었는데 근데 맛없는 커피는 용서가 안 돼 커피 한 잔이 시한폭탄이 될 수도 있어

옹기 와불

겹겹이 얼굴을 뒤집어쓰고 있다

어릴 때부터 조숙해 보인다는 말을 듣고 살았다
전생에서부터 지고 온 얼굴

어쩔 수 없이 윤회를 믿게 된다

골판지처럼 주름져 있던 아기 적 얼굴은
나이가 들어도 직선으로 펴지지 않았다

뒤로 걸어야 젊어진대
깜짝 놀라 돌아보니 아무도 없다

누가 잡아당기는 것 같아
나도 모르게 걸음이 빨라진다

서운암 옹기 와불이 내 등을 떠밀고 있다

당신도 산성인가요?

붉은 원피스를 입고 지는 해를 바라보는 날엔
비가 내렸다

산토리니에서는 파란 가디건을 걸치고
피렌체를 걸을 땐 라벤더색 블라우스를 입었다
흰 우산을 쓰고 우유니 사막에서
태양과 데칼코마니가 될 때까지 앉아 있었다

여배우처럼 옷을 자주 바꿔 입더니
남자도 수시로 갈아입었다
여러 색으로 바뀌는 네가 지루하지 않았을 뿐인데
색을 자주 바꾸는 사람은 믿지 말아야 했다
나의 애인도, 그리고 집도
그녀는 내가 가진 모든 것을 빼앗아 갔다
배태 한번 못 해 본 년은 독했고
수국처럼 자주 얼굴색을 바꾸는 사람이었다
화단에 핀 수국꽃 모가지를 댕강댕강 잘랐다

쏟아지는 비상구

몸에 창을 내기 시작했다

오늘은 귀를 뚫었어
푸른 신호가 뼈를 관통해서 지나갔다

쌍꺼풀 수술을 하는 동안
눈이 두 개가 되었다가 네 개가 되었다

몸의 구석진 곳마다
그라데이션 창을 주문했다

아침이면
사방연속무늬로 쏟아지는 빗줄기가
오케스트라를 연주했다

3부

오른쪽은 왼쪽에서 가장 먼 곳

오래된 여름의 그늘

잎맥 사이로 새어 나오는 빛이 두 눈을 노크한다

똑똑, 안녕하세요?

눈을 감았다 뜨기를 반복한다

그늘 깊은 곳으로 빨려 들어간다

빛줄기가 날치알처럼 입안에서 터진다

그늘이 그늘을 껴입는다

올여름 나는 오백 년 된 느티나무 아래

두툼한 외투를 갖게 되었다

지워지지 않는 그림

물속 무덤이 반겨주었다 화환을 머리에 얹고서
 개망초 나팔꽃 달맞이꽃 색색의 꽃들과 칡넝쿨이 무성한 채로

왼쪽 귀퉁이에 혼자 살던 오 씨 아저씨, 벙어리 남편 대신 싸움닭이 된 미자 엄마, 대궐 같은 집을 지어주고 오두막에 살던 임 목수 할아버지, 생선을 이고 집집마다 팔러 다니던 진 씨네, 아들이 물에 빠져 죽고 빈집이 되어버린 쌍둥이네, 미국 간 딸년 기다리다 목이 길어진 영숙 할머니,

날씨가 좋은 날에는 집이 보일 것 같아 물 위에 지워지지 않는 그림을 그렸다 섬처럼 올라오는 풀들은 집집마다의 문패 주변을 어슬렁거리다가 동네 사람을 만나면 귀신을 본 듯 놀랐다 우리는 누가 먼저랄 것도 없이 눈길을 피했다

한통속이 될래요

초식으로 살래요
정직한 맛에 길들여지지 않을 거예요

초록을 먹으면 눈동자 속에 이슬이 맺히고
연못에 산들바람이 부네요

푸른 물을 줄 테니
땅속 안부를 물어봐 줘요
시멘트 바닥은 땅을 밀어내고
한쪽 다리가 허공에서 사라졌거든요

엄지발가락에 못을 박고
폐부에 공기를 가득 채우면
겨드랑이에서 잎이 나와요
발바닥 잔뿌리가 땅속을 간질일 때
두 손을 힘껏 위로 밀어 올리는
허공의 합장은 이제 나무가 되는 거예요

더 힘차게 아래로 뻗어나가세요
무성한 나뭇잎이 휘파람이 될 때까지

사라진 눈썹

눈썹이 뚝뚝 떨어져 나간다 이상한 냄새가 바닥에 깔린다 헛구역질을 한다
왜 왔어? 왜 왔는지 몰라 깃대 꽂은 집을 나서는데 향냄새가 따라온다

검은 뿔테 안경을 걸친 물기 없는 눈이 사막 같았다
눈썹이 있던 자리가 비어 있다

거기서도 꽃을 꺾으러 다니시나요?

구업口業을 많이 지으면 눈썹이 빠진다던데
마침내 눈썹 없는 귀신이 되었다

그날 밤, 눈썹이 떨어져 나가는 악몽을 꾸었다
잠결에 스륵 눈썹을 쓰다듬었다

스투키

스투키가 왔다 언니는 내게 눈길 한 번 주지 않았다

몸속 가득 독침을 꽂고 사는 언니, 시도 때도 없이 나오는 독기
상처가 아물 날이 없다 신神을 받지 않아 화를 입은 거라고 했다

전생의 업業을 친친 감고 사는 여자
그런 여자들은 왜 예쁜 걸까
남자를 몇 명이나 바꾸었는지 몰라

눈길 한번 주지 않았다
누가 계속 나를 찔렀다
밥을 먹다가 빨래를 널다가도 움찔
돌아본 구석에 스투키가 있었다

어디를 가도 따라다녔다 아무것도 없는데 자꾸 찔렸다

언니가 아프다는 소리를 들었다

시끄러운 잠

왼쪽 귀에서 시동을 걸더니
굴착기 소리가 몸속을 뚫고 들어간다
소리가 통증이 될 수도 있구나
통증은 귀를 타고 어깨를 지나 다리로 내려왔다

오른쪽은 캄캄한 절벽이 된다

수직으로 떨어지는 눈물폭포
깊이를 가늠할 수가 없다
메아리가 없는 그곳
울음을 삼킨 소沼

전의를 상실한 왼쪽

아이를 낳고 이가 다 빠지고
낮달에게 잠을 빼앗긴다

너만 애 낳고 너만 갱년기니?
귀에 부착된 녹음기
왼쪽은 말을 잃은 지 오래
바위가 절벽에서 떨어져 내린다

오른쪽은 왼쪽에서 가장 먼 곳이다

분수에서 넘치는 말

분수처럼 쉴 새 없이 쏟아지던
온 집안을 휘젓고 다니던 말이
사라졌다
여기저기 널브러진 말의 잔해들만
조용하게 무서웠다
간장게장 어떻게 만들어요? 갈치조림 만들어 드릴까요?
좋아하는 음식을 들먹였지만 묵묵부답
나를 보고 있는데 내 너머를 보고 있었다

평생 아버지한테 대꾸 한마디 못 하고 살았다
큰 소리로 울어보는 게 소원이라고 했다
그런 어머니가 쇠꼬챙이 찔러 대는 소리를 했다
나는 귀를 막고 싶었다 제발 조용히 좀 해 주세요
아무 때나 소리를 질러대던 엄마가 닫혔다

그리고는 조용해졌다 침묵을 견딜 수 없는 수도꼭지가
텔레비전 속 오케스트라와 협연을 한다

멈춰진 엄마의 세상
날이 새면 쩌렁쩌렁 분수의 말이
집안 여기저기 물기둥처럼 솟아나기를

감이 좋아야 간이 맞지

어제는 짜고 오늘은 싱겁다
간이 맞지 않잖아

세월이 무색해지는 입맛

간을 봐야 맛이니?
감으로 하는 것 몰라?

내가 널 간 보지 않았듯이
너도 간을 보지 마

감을 믿고 여기까지 잘 왔잖아

간장통을 들고 한 바퀴 휘리릭
처음부터 자로 재거나 저울을 써 본 적이 없어

무슨 자신감이냐 묻는다면
내 감을 믿는 거야

당신을 선택한 것처럼

달의 분화구

발가락에서 피는
다섯 잎을 가진 오음의 소리꽃

창백한 입술로 꽃잎을 물고
발가락 뒤 오목한 곳을 엿보면
달의 뒷면 분화구를 보는 것 같아

어둠은 부서지고
더 깊은 겨울로 부는 바람
얼음 속 물고기를 깨운다
숨을 참으면 둥둥 뜨는 몸
몸이 차가워질수록 왜 가려운지
가렵다는 건 꽃이 피려는 증거

지는 손

화분에 풀이 자란다

어린 것에 자꾸 눈이 간다
꽃이 지고 난 뒤에도 물을 주었다

꽃을 죽일 정도의 강력한 힘을 갖고 있다는 걸 알지 못했다

백합뿐만이 아니었다
모든 화분에 뿌리를 내리기 시작했다

작고 어린 것에는 자꾸 손이 간다

화분의 주인이 바뀌었다
수국 다알리아 수수꽃다리 칸나 백합 장미

처음에는 대견하다고 했다가
나중에는 무섭다는 생각이 들었다

뿌리가 화분을 뚫고 나왔다
나도 모르게 초록을 쥐어뜯고 있다

뽑아낼수록 내가 지고 있다는 생각이 들었다

지뢰밭

 칼춤을 춘다 당근 호박 오이 양파가 속절없이 잘려 나간다
 자르고 또 자르다가 형체도 없이 뭉개진다 진눈깨비가 되어 튀어 오른다
 하지 못한 말들이 칼끝에 매달린다 한 줌도 안 되는 것들이 벌벌 떨고 있다 참았던 말들이 로켓처럼 발사된다 미친년과 개새끼가 속사포로 날아간다
 찢어진 웃음소리도 함께 날아간다 우리 집 개가 벌떡 일어난다 개새끼, 개를 부른 것도 아닌데 개새끼가 난무한다 고개 숙인 개가 발밑에 납작 엎드린다 목을 내놓고 처분을 기다린다

 소리를 지르자 점점 뜨거워진다
 검은 머리는 흰머리가 되고 머리카락이 실핏줄처럼 휘날리고 있다

 어디선가 콩 꼬투리 터지는 소리가 난다
 건드리기만 해봐

 펑!

변검 變臉

엄마는 한 사람이 되었다가 두 사람이 되고
몸 안에 여러 신을 넣어두고 한 사람씩 꺼내 놓았다

옷을 벗어 던지듯 모습을 바꾸는 엄마가
대나무를 타고 사라지기도 했다

귓전을 때리는 징 소리
강 건너 세상은 꽃잎이 분분했다

나는 꿈속에서 엄마를 불렀다
내 목소리를 삼키는 강물 소리

엄마를 부르다가 지쳐서 잠드는 날이 많았다

멀리서 돌아온 엄마는 며칠씩 앓아누웠다

온몸이 땀으로 흥건했다
식은땀을 닦아주면서 안심이 되었다

언니도 오빠도 떠난 집에 혼자 남았다
딸자식 하나는 엄마 팔자를 그대로 닮는다고 했다

〈
신은 이길 수가 없다 신을 노하게 하면 크게 다친다
당신이 신을 받아야 자식들이 무사하다고 했다

신의 뜻과 달리
자식들은 끝내 무사하지 못했다

신용부가

처음부터 며느리가 마음에 들지 않은 시어머니
쥐띠 며느리를 만나야 부자가 된다고 했다

며느리만 보면 으르렁거린다
나물을 무치면 맛이 없다 다시 무쳐라
빨래도 땟국물이 줄줄 흐른다 다시 해라
몸살 난 며느리에게 일하면 낫는다 아플 시간이 어디 있냐

참아야 한다 무조건
자식 보고 참고 남편 보고 참는다
친정엄마도 무조건 참으라고 했다
그래도 하 서방은 계집질은 안 하잖니?
엄마는 자신의 신세타령으로 전화를 끊었다

눈에 보이는 십자가마다 참을 인 자 세 개를 매달았다
아이들이 대학 갈 때까지만!

딱따구리가 머리를 쪼아대서 병원에 갔다
종양이 자라고 있다고 했다
의사는 순환장애라고 했지만 참아서 생긴 병이었다

더 이상 참아서는 안 되는 것이었다
가슴에 쟁여놓은 말들을 가래침으로 뱉어내기 시작했다

이젠 어머니가 나가세요!

이명이라고 명명

소리가 모여 연못이 되고
나무들이 자라기 시작했다

하나, 둘, 셋 노래하는 녀석들
서로 경쟁하듯이 소리를 질러댄다

제발 조용히 좀 해
너희들 때문에 못 살겠어
밤마다 전쟁을 치렀다

해남 땅끝마을로 이사 간 그는
반년 만에 돌아왔다

내 귓속에는 매미들이 살고 있어요
의사는 내 말을 알아듣지 못하고 간단히,
이명이라고 진단했다

선인장 공식

수컷이 꽃에 미쳤다
붉은 잇몸을 드러내며 웃는다

날카로운 가시로 위협해도
그저 웃기만 했다
송곳니를 드러내던 수컷이
얌전해졌다
싸움을 걸어도 받아주지 않는 꽃
흘겨보다 정이 들고
아무도 못 말리는 가시의 사랑
얼굴에 상처 가실 날이 없다
피를 철철 흘리면서도 웃고 있는 개
자신의 뺨을 때리는 꽃
피로써 증명되는 관계 공식이 있다

4부

초승달을 하늘에 걸어놓고 물을 주었지

소리 수리 중

울림통 속에 사는 소쩍새가 곡_哭 소리를 내고 있다

귀를 후벼 파고 들어간 매미 떼가 진을 치고 있다

여름날 빗소리가 들어와 차곡차곡 쌓인다

10호 광장에서 만난 차들의 경적 소리가 무한 재생되고 있다

변기 물 내리는 소리, 개 짖는 소리, 냉장고 돌아가는 소리, 슬리퍼 끄는 소리,
괘종시계 소리가 한꺼번에 몰려오고 있다

온갖 소리들이 다 모여서 밤마다 자라는 귀가 있다

헛 디딘 눈동자

눈방울이 살아 있어
내 자식 굶기지는 않겠다

아버지 눈방울만 끔벅거리고
물 건너 불구경하듯 했다

자식이 아파도
쌀독이 바닥을 드러내도

엄마는 양동이를 비우느라 밤잠을 설치고
날이 새기도 전에 집을 나섰다

아버지는 행랑채에 누워서
덩치만 키우고 눈방울만 뒤룩거렸다

전생에 먹고 놀기만 한 사람이 소로 태어난다는데

그는 한량이었을까?
전생의 소를 끌고 오다니

엄마는 입버릇처럼 말했다

〈

소를 조심해야 한다

눈이 깊고 호수 주변에 그림자를 드리운 사람은 위험하다

호수를 가만히 들여다보고 있다가 발을 헛디딘 사람이 많다고 했다

날 수 있을지도 몰라

가는 걸음걸음마다
도장을 찍는다

참 잘했어요!

홀수가 대세인 세상
눈 하나
다리 하나뿐인 개들이
강을 건너고 산을 오른다

한쪽 눈으로 부딪치고
한쪽 다리로 점프하면서
주인을 앞서거니 뒤서거니

개라 하면 질색을 하던 내가
개 근처에도 안 가던 내가
경이롭게 보고 있다

눈 하나
다리 하나뿐인 개들이
노을 끝자락을 물고 뛴다

이해관계자의 불능 거위

 내 친구 올드미스는 낚시광이구요 몸통이 겨울 배롱나무처럼 단단해요 목걸이나 팔찌 같은 거추장스러운 것들은 싫어하구요 숏커트에 민무늬 티셔츠만 입고 다녀요 처음엔 남잔 줄 알았어요 눈이 마주쳤을 때 살짝 설렜거든요
 하이파이브를 하면 공중에서 웃음이 터져요 남 눈을 의식하지 않고 자기를 중심으로 지구가 돌고 있다고 생각하죠 언젠가 남자를 소개해 주었어요 구덩이에 한번 빠져보란 심정이었지요 내가 왜 온전한 나로 살지 못하는지, 내 삶의 추가 왜 무거워졌는지 이해받고 싶었어요 그녀는 늘 나를 답답하다고 해요 결혼 후 내가 변했다고요 날개가 있어도 날지 못하는 거위가 되었다고 놀려요 거위가 늘어날까요?

발만대장경

 돌리고 있다 방을 돌리고 베란다를 돌리고 나를 돌리고
 누가 나를 돌리나 머리 꼭대기 위, 추가 돌듯 멈출 수가 없다
 보이지 않는 추를 따라 식탁 주변을 돌고 방안을 돌고 침대 위로 날아가 꽂힌다
 안 가는 데가 없는 발, 그림자를 쫓는다
 창문 틈으로 빠져나가 새처럼 날아가는 발
 내가 한눈을 팔면 보란 듯이 나타나고 청소기를 잡으면 사라지는 발
 나 잡아봐라, 하루 종일 발과 씨름 중 친구가 밥 먹자고 해도 나갈 수가 없다 눈을 감아도 떠도 발만 보인다 발 때문에 살 수가 없다 발 때문에 남편과 싸우고 아이를 때린다 그래도 나를 따라다니는 발, 가는 곳마다 숨길 수 없는 발, 숨바꼭질을 멈추지 않는 발 때문에, 그래도 산다

사랑치매

방 안 가득 단내가 훅 끼친다
머리에서 발 끝까지 흘러내리는 단내
주름살 안으로 끈적한 기억을 밀어 넣는다
그의 손길인 듯 신음이 새어 나온다

살내를 좋아한 사내는 밖으로 나돌았다
뽀얀 살 속에 파묻혀 죽은 남자와
여인이기를 버리고 기다림으로 산 그의 여자

늙은 여자는 장롱 깊숙한 곳에 숨겼던 여자를 꺼낸다
오늘은 죽은 영감을 불러와 사랑놀이를 한다
사진 속 젊은 사내는 말 없이 웃고 있고
꿀을 바른 손이 자신의 가슴을 어루만진다
젊어서 참았던 욕지기가 꽃으로 피어나고 있다

11월 끌어안기

참다와 견디다가 마주 보고 섰다
길고 짧은 건 대 봐야죠
서로 고개를 빳빳하게 쳐들고 있다

기둥에 눈금을 표시하면 탑이 된다
손때를 묻히며 해마다 자라는 탑
탑은 자라서 어른이 된다

기둥 사이에 서면 벽이 된다
너와 나를 분리시키는 벽
눈을 감으면 감옥이다

두 손 가득 11월을 쥐고서
방망이를 들고 깨춤을 춘다
내 안의 너를 두드리면
북 치는 소년이 된다
새들과 눈을 맞추는 북채
다리를 신고 걸으면 피에로가 된다

빼빼로데이에 누군가는 복권을 사고
꽝이 된 진창길을 터벅터벅 걷는다

〈
11은 깃발이 되었다가 탑이 되었다가 벽이 되고
기차의 선로가 되어 저 바닥에 가서 눕는다

유통기간

1985년 유통기간 표시제를 도입한 이후 현재까지 유통기한 표시를 의무화하고 있다

우유의 유통기간은 7일
참치통조림의 유통기간은 3년인데
사람의 수명은 언제까지일까

꺼져가는 숨소리 붙잡고 있을 때까지가 삶인 줄 알았다
링거줄 매달고 눈만 끔벅여도 목숨인 줄 알았다

오늘이 며칠인지 알 수 없고
달력의 동그라미가 사라진 시간들
둘이 먹다가 혼자 밥을 먹는 건 재앙이라고 했다

4년 만에 돌아오는 윤달처럼 기억이 되살아나면
숟가락 드는 게 고통이라고 했다

자식 얼굴도 기억나지 않아
마누라 얼굴도 희미해지고
눈과 코의 윤곽이 모서리에서부터 지워지더니

구멍마다 빠져나가는 기억
머리카락 다 빠지고 나면 떠날 수 있을까
몇 가닥 남지 않은 자신의 머리통을 쓰다듬고 있다

사람의 유통기간은 언제까지일까
괄호 안의 물결무늬가 길어진다

문과 벽

엄마는 문이었다
오랜 세월 비를 맞고 녹이 슨 문은
더 이상 열리지 않았다

차라리 치매라도 걸렸으면 좋겠어
팔다리는 움직일 수 없어도 정신은 초롱초롱한 엄마

요양원에 보내든가 아니면 니가 모시든가
새끼들 키워줬으니 니가 모시는 게 맞아
언니는 더 이상 엄마를 모시지 않겠다고 한다

걸핏하면 일러바치는 엄마 때문에
언니는 나를 더 미워한다

하루에 열두 번도 더 전화하는 엄마
나는 한 번도 화를 낸 적이 없다
화를 내지 않는 것으로 착한 딸이 된다
언니는 나를 위선자라고 한다

모시지도 않으면서 착한 척은 혼자 다 한다고
나는 입이 없는 사람이 된다

언니의 말은 아무 데나 찌르는 송곳

엄마를 모시지 않는 것만으로도 죄인이 된다

어떻게 해야 하나
문이라고 생각한 곳에 벽이 있다
사방의 벽이 점점 좁아지고 있다

흰색 유령

흰색을 멀리하세요
푸른색이 나무를 뚫고 나와요

흰색을 좋아해서 흰옷만 샀어요
얼굴이 박꽃처럼 환해지거든요

하얀 원피스를 입고 백설 공주로 살았는데
흰색이 유령을 불러들인대요

안개로 흘러 다니며 바람에 날리는 것들이
사물의 윤곽을 지워요

쨍한 날보다 구름 낀 날을 좋아해요
커튼으로 빛을 차단하고 낮에도 동굴을 만들죠

우울을 가디건처럼 걸치고 살았어요
가디건 속에 숨을 곳이 많아요

본래의 색은 아니고요
햇빛을 못 받아서 희멀게진 거예요

〈
세상의 모든 우울은 흰색에서 시작되죠

낙타佛

동그라미 하나가 무수한 길을 만듭니다

길은 가까워졌다 멀어지고
눈을 감으면 신기루가 보입니다

저 다리만 건너면 되는데
저 건물만 지나면 되는데

빵-빵!
뒤에서 부르는 낯익은 목소리
동그라미를 네모로 털썩, 주저앉힙니다

사막은 어디에나 있습니다
애간장을 끓이기만 하면

조금만 더 참으면 돼요
- 양양터널

뒤에 두고 온 길이 사라진다
어둠에 등 떠밀려 가는 길
실꾸리라도 준비할걸
작은 실오라기라도 붙잡고 싶다
조금만 더,
너무 많은 시간이 지나갔다
어디까지 가야 하는가
거대한 짐승이 지나온 길을 먹어치우고 있다
뒤돌아보면 짐승의 밥이 되고 말 것이다
얼마나 남았나요?
쌓인 어둠은 캄캄한 절벽을 만들어 낸다
조금만 더 가면 됩니다
허공에 달라붙지 않은 말이 미끄러진다
조금만 더, 조금만 더
저 말을 이해하는 데 오십 평생이 걸렸다
진창의 삶에 징검다리를 놓아주는 말
막연한 기다림은 희망 고문이 된다
정확한 숫자가 필요하다
6.14km
어둠 속 붉은 눈빛이 나를 조준한다

월식

포르투나의 손에 널 맡기고 있지
동전의 양면을 움켜쥐고서

초승달을 하늘에 걸어놓고 물을 주었지

네 호주머니에서 자라는 달을
마음이라 말하지 마
삼백예순 날 매일 뜨는 달, 지겹지 않니?
이제 좀 무대 밖으로 나가줄래?
어쩌지
내일의 달을 끌어안고
무덤 속에 눕고만 싶은데

다독다독 키우는 다육이

꽃이 지지 않는 곳으로 가고 싶었다

해가 지는 것도 마음에 들지 않았다

왜 하필 물기 없는 꽃이냐고 했다

평생 자식 하나 낳지 못하고 친정 부모를 부양하게 된 것도 운명이라고 했다

사주에 물기가 없어 노을이 지고 단풍이 더 빨리 들었다

그림을 그리는 것은 사막을 옮기는 일이었다

∞해 설

'유령되기'에서 '식물되기'로

이성혁(문학평론가)

1

 시집을 읽을 때면 맨 첫머리에 실린 시를 유심히 읽게 된다. 시집을 여는 시는 아무래도 그 시집의 핵심을 넌지시 암시하는 경우가 많기 때문이다. 정문정 시인의 이 시집 『내 이름을 별하라 불러 주면 좋겠어』 원고를 읽을 때도 시집 첫머리에 실린 시 「기억주의보」를 반복해서 읽었다. 특히 이 시집은 정문정 시인의 첫 시집이다. 그러니 첫 시집의 첫머리 시는 더 의미 깊지 않을까 싶었다. 특히 시인은 이 시에서 자신이 누구인지 규정하고 있다. "나는 물속에 집을 두고 온 사람"이라는 자기규정. 근처에 발전소가 세워졌는지, 그가 살던 집터는 호수가 되었다. 물론 이는 은유적인 의미도 있겠다. 그 '집'은 실제 시인이 살았던 집일 수 있지만 과거의 삶 자체를 의미하는 것으로도 보이기 때문이다. 물속에 잠긴 과거의 삶,

105

그것은 망각을 의미할 것이다. 그러나 집을 삼킨 호수-망각-에는 안개가 자주 낀다. "집을 삼킨 후 호수는 안개발전소가 되었다"는 것. 그런데 이 안개는 시인을 호숫가로 유인하는 듯하다. "안개주의보가 뜰 때마다/경계가 무너지는 그곳"으로 간다는 것을 보면. 안개는 호수 수면과 그 수면 위의 경계선을 지운다. 시인이 안개가 짙게 깔릴 때마다 그 호숫가로 가는 이유는, 그때가 망각에 묻힌 과거의 삶과 지금 여기의 삶의 경계가 지워지는 시간이기 때문일 테다.

지금의 현실과 망각된 기억의 경계가 흐릿해질 때가 정문정 시인에겐 바로 시의 세계로 넘어가는 시간이 아닐까. 그렇다면 그에게 시 쓰기란, "오래전 물속에" 두고 온 '나'를 대면하기 위해 뿌연 안개를 헤쳐 나가면서 마주하는 세계를 기록하는 일이 될 것이다. 망각된 것과 의식 사이의 경계가 흐릿해지는 곳으로 가기, 이를 실행하기 위해서는 잠에 빠져들어야 하는지 모른다. 잠은 무의식을 불러오고, 무의식은 꿈으로 변장하며 표현된다. 알다시피 정신분석학에서는 꿈의 문법과 시의 문법의 유사성을 논해왔다. 그래서 정신분석학을 따르는 초현실주의자 시인에게는 잠자기란 시의 영역으로 넘어가는 하나의 방도였다. 로베르 데스노스라는 초현실주의 시인은 잠잘 때 문밖에 '작업 중'이라는 팻말을 걸었다고 하지 않는가. 그런데 정문정 시인은 꿈의 세계로 곧바로 넘어가진 않는다. 그는 잠과 깨어 있음 사이의 흐릿한 경계, 꿈도 아니고 현실도 아닌 불면 상태의 몽롱함 속에서 시의 장소를 찾아내는 것이다. 「기억주의보」 다음에 실린 시 「잠벌레」에서, 시인은 잠과 관련하여 흥미로운 시적 발언을 한다.

　　잠 밖으로 기울어진 생각
　　못 잔 잠은 어디 가서 쌓이는 걸까
　　잠이 다 빠져나가도 몸을 세울 수 있을까
　　누군가 삽으로 잠을 푹푹 퍼내고
　　몸은 구석에서 구석을 찾고

　　커다란 잠벌레였는데
　　등만 대면 잔다는 말도
　　나이가 들면서 잠과 함께 실처럼 풀려
　　구석이 환한 밤마다 뜨개질을 했지
　　목도리도 뜨고 조끼도 뜨고 가디건도 뜨고
　　마지막 뜨는 건 수의일지도 몰라
　　잠뭉치의 실을 뽑아서 뜨는데
　　왜 몸의 실이 풀리는지
　　뭉친 실 다 풀리면 가벼워져

불씨처럼 날 수 있으려나

- 「잠벌레」 전문

시인은 '잠벌레'라는 별칭도 가질 만큼 자주 잠으로 미끄러졌었나 보다. 하지만 이젠 불면의 밤을 보내는 것 같다. 생각은 "잠 밖으로 기울어"지고, "못 잔 잠은 어디 가서 쌓"이고 있다. 잠을 잘 잘 수 없는 대신, 몸 안에 있던 잠은 그의 몸 밖으로, 몸과 함께 실처럼 풀려온다. 이 현실로 풀려나온 잠으로 만들어진 실로 시인은 "구석이 환한 밤마다" 뜨개질을 한다. 이 뜨개질이 시 쓰기를 비유한다는 것은 쉽게 짐작할 수 있다. 그런데 결국 "마지막 뜨는 건 수의일" 수도 있다는 말이 의미심장하다. 잠을 잘 수 없을수록 몸은 가벼워진다. 몸을 구성하던 잠이 빠져나오기 때문이다. 몸이 다 사라진다면, 죽음이 올 것이다. 시에 따르면, "뭉친 실 다 풀리면 가벼워져/불씨처럼 날"다가 사라질 터이기 때문이다. 시 쓰기는 결국 죽음으로 소진될 운명을 가진 잠의 뜨개질이다. 이 시집의 숱한 시편들에서 죽음의 예감과 마주하게 되는 것은 시인이 시 쓰기와 소멸을 연관시켜 생각하고 있어서일 것이다. 어쩌면 소멸에의 욕망이 그의 시 쓰기에 작동하고 있을지도 모르겠다. "어쩌지/내일의 달을 끌어안고/무덤 속에 눕고만 싶은데"(「월식」)라는 시인의 말은 이러한 추측을 뒷받침한다.

그래서인지 정문정 시인은 죽음을 향해 소진되어 가는 사람들에 대해 각별한 시선을 던진다. 그는 「유통기간」에서 편의점에 깔린 음식들에도 유통기간이 있듯이 사람의 수명에도 유통기한이 있지 않을까 생각한다. 이어서 아내를 잃어 "둘이 먹다가 혼자 밥을 먹는 건 재앙"이라고 말하는 사람을 등장시킨다. 그 사람은 "기억이 되살아"날 때 "숟가락 드는 게 고통"이라고 말한다. 그 사람에게는 기억 자체가 고통이다. 잃어버린 이를 기억한다는 것이 극심한 고독을 상기시키기에 그렇고, 한편으로 기억이 점점 희미해져 간다는 것을 확인해야 하기 때문에도 그렇다. 그래서 그 사람은 "구멍마다 빠져나가는 기억/머리카락 다 빠지고 나면 떠날 수 있을까"라며 기억이 머리카락 빠지듯 다 빠져나가 죽음을 빨리 맞이할 수 있기를 기원하기까지 하는 것이다. 한편 「사랑치매」에는 치매에 걸린 '늙은 여자'가 등장한다. 그녀는 결혼 기간 내내 "살내를 좋아" "밖으로 나"돈 '죽은 영감'의 젊었을 때 사진을 꺼내 들고 사랑놀이를 한다. '영감'과 같이 살던 지긋지긋한 기억은 사라지고 젊었을 때 그 '영감'과의 연애를 재연하는 것이다. 그녀 역시 기억을 잃어가며 죽음을 향해 가고 있다는 점에서, 아내에 대해 희미해지는 기억으로 고통받고 있는 「유통기간」의 '사내'와

종이 앞뒷면 관계에 있다고 하겠다.

2

이렇듯 정문정 시인은 '삶이란 죽음을 향해 소진되어 가는 과정'으로 보고 있는 듯하다. 삶에 대해 기본적으로 어둡고 비관적인 인식을 갖고 있는 것이다. 「다독다독 키우는 다육이」에서 화자-제목에 따르면 '다육이'일 것이다-는 자신의 삶을 "사주에 물기가 없어 노을이 지고 단풍이 더 빨리 들었다"고 회고하는데, 자신의 삶에 대한 비관적 인식을 바탕으로 한 회고겠다. 이 화자-'다육이'-가 시인 자신을 투영한 객관적 상관물인지는 확실치 않다. 시인이 키우고 있는 '다육이'의 말을 인용하는 방식으로 시가 전개되는 것을 보면 '다육이'는 시인 자신의 투영체가 아닐 수도 있지만, 이 "물기 없는" 삶을 시인이 주목하여 시화詩化하고 있다는 점이 중요하다. "꽃이 지지 않는 곳으로 가고 싶었"고, "해가 지는 것도 마음에 들지 않았다"는 화자(다육이)는, "하필 물기 없는 꽃"으로 태어났다. 하여 화자는 사막에서 사는 것처럼 삶을 살게 되어, "그림을 그리는 것은 사막을 옮기는 일이었다"고까지 말한다. 그 그림은 다육이 자신의 자화상 아니겠는가. 그런데 '다육이'를 키우면서 시인의 생활 공간 역시 노을 지는 사막처럼 쓸쓸해지고 삭막해져 갔던 것 같다. 「캔디라이트」를 읽어보면 그러한 짐작을 하게 된다.

「캔디라이트」에는 '다육이' 대신 선인장이 등장한다. 이 시는 "손바닥선인장을 들여놓았다"는 진술로 시작된다. 시의 제목을 볼 때, 이 선인장은 '캔디라이트'를 비유하는 것이라고 추측되는데, 여하튼 이 선인장을 들여놓자 "사막이 점점 평수를 늘리"게 된다. 집안 생물체의 생명력이 점차 소진되어, "해피트리 나뭇잎이 시들고", "스킨답서스가 초록빛을 잃어갔다"는 것이다. 또한 '물 카라'도 "꽃을 피우지 않"게 되었으며, 나아가 아이도 야위어 가고 남편은 점점 늦게 귀가하기 시작했고, "식탁 위 반찬"마저 "물기를 잃어갔다"니, '손바닥선인장'을 키우자 집안의 모든 생명체들은 활력을 잃고 점점 소진되어 말라갔다는 얘기다. 그런데 시인은 이러한 진술 이후 이 시의 말미를 당황스럽고 환상적인 장면으로 끝맺음하고 있다. "누군가 집안에 수족관을 들이라고" 해서 "냉장고 크기의 대형 수족관"을 들여왔는데, "수족관 문을 열어주"니 "커다란 물고기 한 마리 집안을 돌아다"니기 시작했다고 말이다. 이 '물고기'의 정체는 무엇일까. 아래의 시에 등장하는 '물고기'를 보면 짐작해 볼 수 있겠다.

계단을 따라 파란 눈들이 매달려 있습니다
들쭉날쭉 뱃전을 때리는 물고기들
파도가 넘실거리면 통증이 시작됩니다
첫 아이를 낳고 몸조리를 못 했거든요

뼈마디가 쑤시는 건 물고기가 헤엄치기 때문
깃발이 흔들리면 같이 흔들렸어요
커튼 뒤 그림자가 다가와
벌리세요! 철썩!
파도가 귓전을 때릴 때마다
기계 소리가 삼켜버리는 말들
비명소리가 날개를 폅니다
나팔관 여기저기 노크해 보다가
전부를 없애야 살 수 있습니다
실뿌리처럼 매달려 있는 것들
덩어리 채 파도에 휩쓸려 가고
바람이 빈자리를 어루만질 때
먼 데서 북소리가 들려옵니다
발 없는 것들이 떠나가고 있습니다

- 「커튼콜」 전문

이 글 서두에서 필자는 정문정 시인의 시 쓰기가 잠의

실로 뜨개질하는 작업이라고 추정한 바 있다. 잠은 꿈으로 출렁인다. 이 출렁이는 꿈을 붙잡아 언어를 짜는 것이 정문정 시인의 시 쓰기라고 이제는 다시 말할 수 있겠다. 위의 시도 꿈의 장면처럼 환상적이다. 화자는 배 안에 있는 것 같은데 어떤 방 안에 있는 것 같기도 하다. 바다를 항해하는 배와 커튼 쳐진 방이 중첩되고 있어서 그렇다. 이 '배-방'은 다시, 시인 내면의 몽상세계-잠과 현실의 경계에 있는-를 의미하기도 할 것이다. 이 몽상 공간에는 계단이 있고 그 "계단을 따라 파란 눈들이 매달려 있"다. 누구의 눈들일까? 해서에 따라 답은 다르겠지만, "뱃전을 때리는 물고기들"로 이 글을 생각해본다. 이 물고기의 눈들이 시인을 바라보고 있는 것이라고. 이 물고기들은 시인의 무의식적 내면의 경계까지 다가와 몸을 부딪치고 있는 것이라고 해석해보면 그러한 답이 가능하다. 이어 이 물고기들의 부딪침은 넘실거리는 파도로 환유되고, 이와 함께 "통증이 시작"된다.

그렇다면 "뼈마디가 쑤시는 건 물고기가 헤엄치기 때문"이라는 진술이 이해된다. 파도로 몰려오는 물고기들은 기억을 되살리는 존재로 보인다. 시인이 느끼는 통증은 출산 당시의 고통에 대한 기억과 연결되고 있는 것 같기 때문이다. "커튼 뒤"에서 다가온 그림자가 "벌리세요!"와 같은 말들을 하기 시작하고, "기계 소리가" 말들을 삼켜버리며 "비명소리가 날개를" 펴는 장면은 출산 당시의 상황에 대한 기억일 것이다. 출산 당시에 대한 고통스러운 기억이 이렇듯 의식에 재현되기 시작한 것은, '물고기'가 헤엄쳐 와 시인이 탄 뱃전-'내면세계'의 입구-를 때리기 시작하면서부터다. 그렇다면 「캔디라이트」에서 수족관을 들이고, 그 수족관에서 물고기가 나와 집안을 돌아다닌다는 말은, 물고기로 인해 시인이 내면의 방 밑에 숨어 있던 무의식적 기억을 되살리기 시작했다는 의미일 수 있겠다. 다시 말해 정문정 시인에게 물고기란 수장된 기억들-「기억주의보」를 상기하자-을 되살리기 위한 촉매제인 것이다.

글 서두의 논의를 다시 반복하자면, 정문정 시인의 시 쓰기는 안개 싸인 호수-무의식적 기억-에 접근하여 호수에 수장되어 있는 기억을 되살리려는 작업이다. 이 기억은 꿈과 같은 작업을 통해 재현될 수 있다. 그렇기에 시인은 잠의 실로 시를 짜는 것이다. 이 작업은 고통을 수반한다. 무의식 아래로 수장된 기억은 떠올리고 싶지 않은 것들, 떠올리면 아픈 것들이기 때문이다. 하지만 내면이 말라가며 소진되어 가는 사막 같은 현실에서 벗어나기 위해서는, 고통을 수반하더라도 무의식적 기억 속으로 들어가고, 그 속으로부터 삶을 짓누르던 기억을 시화하여 무의식에서 해방시켜야 한다. "실뿌리처럼 매달려 있는 것들" "전부를 없애야 살 수 있"는 것이다. 이것이 정문정 시인에게 시 쓰기가 갖는 의미일 것이다.

그런데 위의 시의 후반부에서 시인은 무엇인가를 더 이야기한다. 고통의 기억을 찾아내고 그것을 밖으로 드러내는 작업 이후에 오는 것은 무엇인가에 대해서다. 기억이 뿌리 뽑힌 자리를 바람이 위무하듯 어루만지자 북소리가 들려온다. "발 없는 것들이 떠나가"면서 내는 북소리. 시인은 고통을 무릅쓰고 억압되어 있던 기억들을 무의식에서 끄집어내어 없애려 했지만, 그 기억들은 사라지지 않는다. 도리어 북소리를 내며 다가온다. 발 없이, 즉 유령이 되어 다가오는 것이다. 하여 시를 쓰기 위해 잠과 깨어 있음의 사이에 있을 때, 꿈과 함께 있는 몽롱한 상태에 있을 때 그 유령은 나타난다. 다시 말하면, 무의식에 다가가자 유령이 출몰하기 시작하는 것이다.

3

「어떤 예감」은 잠자리에 누운 시인 옆에 "그가 나를 찾아"온 일화를 말해준다. 누워 있는 시인 옆에 '그가 나타나 품을 내주는데, "머리로는 거부하는데 손이 먼저 나간" 시인은 그의 "볼을 어루만지고 머리를 쓰다듬"었다는 것. "깜짝 놀라 돌아눕"지만 어느새 그는 "내 맞은편에 와서 누워 있다"고 하니 그는 유령 같은 자다. 물론 그는 꿈속에 존재하는 인물이다. 비몽사몽 상태에서 깨어나 옆자리를 쓸어보니 빈자리였다는 것을 보면. 이에 시인은 "어쩌다가 그런 꿈을 꾸게 된 걸까" 의문을 가지지만, "꿈을 확인하고 싶은 손가락을 지그시" 눌러버린다. "아프기를 바랐던 것은 아닐까" 짐작해보지만, 그 '확인'이 자신의 무의식적 비밀을 드러낼까 두려웠기 때문이리라. 그런데 유령 같은 '그'의 등장은 왜 아픔을 가져온다는 것일까. 시인의 무의식적 비밀에, 꿈속의 그가 위에서 보았던 물고기처럼 부딪쳐왔기 때문일 것이다. 한편, 아래의 시에도 역시 시인의 꿈에 나타난 유령이 등장하는데, 이 유령은 "오래 아픈 사람"이다.

> 꿈속에서 우는 여자를 만났습니다
> 왜 우냐고 묻자,
> 아직 살아있는데 죽었다고 합니다
>
> 오래전에도 그녀는 죽었습니다
> 연탄가스 세 번을 마시고 저승 문턱을 넘었습니다
> 고속도로에서 차 뒷문을 뚫고 가드레인을 넘어갔습니다
> 몇 번을 더 죽어야 진짜 죽는 걸까요

두 자릿수를 고집하는 혈압은 25시간을 넘기고
소음군이 점령한 귓속은 다른 문을 두드리다가
서서히 스러지고 있습니다

우는 일이 하루 일과가 되었습니다
호수에 돌을 던지자 눈물도 빙빙 돌아요

너무 울어서 눈이 안 보이는 두억시니
눈두덩은 눈물의 무덤

길게 아픈 사람은 안 아픈 사람입니다
  - 「오래 아픈 사람은 서서히 잊혀집니다」 전문

  꿈에 나타난 '우는 여자', 그녀는 "아직 살아있는데 죽었다고" 말하는 유령이다. 그 유령은 자신이 여러 번 죽었다고 말한다. 연탄가스로, 고속도로에서의 사고 등으로. 그런데 3연부터 발화하는 '나'가 누구인지, 그 '나'가 꿈에 나타난 '우는 여자'인지 시인인지 애매해진다. 꿈속의 우는 여자와 시인의 중첩이 이루어지기 때문이다. 시인은 우는 여자의 진술을 받아 적으면서, 저혈압과 소음으로 오래 아파온 자신과 그 유령을 겹쳐놓는다. 그래서 우는 여자의 진술이 곧 시인 자신의 진술처럼 전환된다. 하여, "우는 일이 하루 일과가 되었"다는 진술은 꿈에 나오는 유령의 진술이자 시인 자신의 처지를 토로하는 진술인이기도 한 것처럼 보인다. 그 울음은 "호수에 돌을 던지자" 터져 나오는데, 이 호수는, 「기억주의보」에 나왔던 기억들이 수장되어 있는 호수를 상기시킨다. 그곳에 돌을 던진다는 행위는 그 무의식화된 기억들을 뒤흔들어 의식 위로 떠오르게 한다는 의미일 터, 결국 시 쓰기를 뜻한다고 할 수 있다. 시를 쓰면서 수장되어 있던 기억들을 밖으로 드러내면, 눈물이 쏟아진다는 말이겠는데, 이는 이러한 외화外化가 고통을 수반하기 때문이겠다. 하지만 눈물이 쏟아지면서도 사막 같은 현실의 소음은 "서서히 스러지"는 것이다.

정문정 시인에게 시 쓰기란 잠의 실-꿈-로 옷을 짜는 작업 아닌가. 그런데 위의 시를 보면, 그 작업은 시인이 꿈속에 나타나는 유령과 만나고는 그 유령과 자신을 동일시하도록 그를 이끈다는 것을 알 수 있다. 즉 그의 시 쓰기란 유령처럼 되는 일이기도 한 것이다. 「흰색 유령」에서 화자가 "유령을 불러들인"다는 "흰색 원피스를 입고" 살았다고 말할 때, 그 삶은 시인 자신의 삶 역시 의미할 테다. 이 시에 따르면, 유령으로 산다는 것은 "안개로 흘러 다니"는 삶을 사는 것이다. 유령은 "사물의 윤곽을 지"우는 안개 같은 존재자이기 때문이다. 「기억주의보」를 읽으면서, 정문정 시인의 시 쓰기는 기억이 묻힌 호수를 안개가 뒤덮으면서 현실과 잠의 경계가 흐려질 때 시작된다는 것을 알 수 있었다. 그 시 쓰기의 삶이란 흰색의 안개처럼 모호하고 불투명한 삶, 유령의 삶을 사는 것이기도 하다. 그 삶은 얼굴이 희멀게지도록 "커튼으로 빛을 차단하고 낮에도 동굴을 만들"어 거주함으로써 이루어진다. 유령은 빛을 피해 사는 존재자이니. 그 유령 또는 안개의 색인 '흰색'은, 「흰색 유령」에 따르면 우울의 색이다. "세상의 모든 우울은 흰색에서 시작되"기에. 하여 흰색 원피스를 입고 살아온 화자는 자신이 "우울을 가디건처럼 걸치고 살았"으며, 그 우울 속에 숨어 유령처럼 살았다고 말하고 있는 것이다.

시를 쓰며 유령이 되어 살아갈 때, 유령의 세계를 더 잘 볼 수 있을 것이다. 시인의 기억 깊은 곳에 묻혀 있던 유령들을 말이다.

> 물속 무덤이 반겨주었다 화환을 머리에 얹고서
>
> 개망초 나팔꽃 달맞이꽃 색색의 꽃들과 칡넝쿨이 무성한 채로
>
> 왼쪽 귀퉁이에 혼자 살던 오 씨 아저씨, 벙어리 남편 대

신 싸움닭이 된 미자 엄마, 대궐 같은 집을 지어주고 오두
막에 살던 임 목수 할아버지, 생선을 이고 집집마다 팔러
다니던 진 씨네, 아들이 물에 빠져 죽고 빈집이 되어버린 쌍
둥이네, 미국 간 딸년 기다리다 목이 길어진 영숙 할머니,

  날씨가 좋은 날에는 집이 보일 것 같아 물 위에 지워지
지 않는 그림을 그렸다 섬처럼 올라오는 풀들은 집집마다
의 문패 주변을 어슬렁거리다가 동네 사람을 만나면 귀신
을 본 듯 놀랐다 우리는 누가 먼저랄 것도 없이 눈길을 피
했다

-「지워지지 않는 그림」 전문

  화자는 그림(시)을 그리려고 호수(기억)에 간 모양이
다. 그러자 그를 반겨준 이는 '물속 무덤'이었다. 누구도
돌보지 않았는지, "색색의 꽃들과 칡넝쿨이 무성한" 무
덤. 2연에 등장하는 인물들은 그 무덤의 주인들일 것이
다. 그들이 모두 정말로 현재 죽은 이들이라는 의미는
아니다. 시인의 기억 속에 묻힌 이들이라는 의미다. 이들
은 시인의 기억 속에 묻혀 있던 자들이었다가 기억 밖으
로 나온 유령-'귀신'-과 같은 존재자들인 것이다. 이 귀신
들은 뭔가 슬픈 사연을 갖고 있는 이들이다. 상실을 겪
고 고독을 살아야 했던 가난한 서민들. 화자가 호수 안

에 잠긴 "집이 보일 것 같"은 날, "물 위에 지워지지 않는 그림을 그"리기 시작하자, 그 옛집 주변에 살았던 저 '동네 사람'들이 귀신이 되어 '섬처럼' 무덤의 풀들과 함께 떠오르며 화자를 맞이한다. 하지만 이 '동네 사람들-풀들-귀신들'은 서로 마주하게 되면서 "눈길을 피했다"고 한다. 왜일까. 귀신으로 나타난 서로에게서 자신 역시 귀신이 되었음을 확인하게 되었기 때문 아닐까. 달리 말하면, 이 묻힌 기억 속 인물들의 부상(浮上)은 그 인물들에 응집되어 있는 과거의 상처를 다시 현재의 삶 위로 공개해 버리는 결과를 가져오는 것이다.

4

지금까지 읽은 바에 따르면, 정문정 시인은 몽상을 통한 시 쓰기를 통해 무의식으로 묻혀 있는 기억들을 의식 위로 개방하고 유령들을 다시 되살린다고 정리할 수 있을 것이다. 하지만 과거로부터 도망치는 삶을 살아가야 하는 것이 현실이다. 과거가 삶을 먹어치울 수 있기 때문이다. 그래서 사막과 같은 메마른 삶을 살아가는 것이다. 과거의 기억을 구원하는 시 쓰기를 통해 그 삶으로부터 벗어날 수 있지만, 그것은 고통을 수반한다. 「조금만 더 참으면 돼요」는 과거로부터 벗어나기 위해 앞으로만 나아가야 하는 현실의 삶에 대해 시인은 극도의 피로감과 함께 어떤 구원의 희구를 표명하는 시로 보인다.

    뒤에 두고 온 길이 사라진다
    어둠에 등 떠밀려 가는 길
    실꾸리라도 준비할걸
    작은 실오라기라도 붙잡고 싶다
    조금만 더,
    너무 많은 시간이 지나갔다
    어디까지 가야 하는가
    거대한 짐승이 지나온 길을 먹어치우고 있다
    뒤돌아보면 짐승의 밥이 되고 말 것이다
    얼마나 남았나요?
    쌓인 어둠은 캄캄한 절벽을 만들어 낸다
    조금만 더 가면 됩니다
    허공에 달라붙지 않은 말이 미끄러진다
    조금만 더, 조금만 더
    저 말을 이해하는 데 오십 평생이 걸렸다
    진창의 삶에 징검다리를 놓아주는 말
    막연한 기다림은 희망 고문이 된다
    정확한 숫자가 필요하다

6.14km

어둠 속 붉은 눈빛이 나를 조준한다

- 「조금만 더 참으면 돼요」 전문

　이 시에서 화자는 '터널' 속의 길, 즉 "어둠에 등 떠밀려 가는 길"을 가고 있다. "작은 실오라기라도 붙잡고 싶"지만, "어디까지 가야 하는"지, "얼마나 남았"는지 알 수 없어도 계속 떠밀려가기만 해야 한다. "지나온 길", 즉 과거를 "거대한 짐승이" "먹어치우고 있"기 때문이다. "뒤돌아보면 짐승의 밥이 되고 말 것이"기 때문에 앞으로 나아가야만 한다. 이 짐승은 어떤 존재자일까. 시인 내면에서 움직이고 있는 무의식적 욕망일 수도 있고, 과거에 발을 들여놓으면 그 과거의 어둠이 삶을 집어삼킬 수 있다는 공포일 수 있다. 여하튼 화자는 이 과거를 뒤돌아보지 않고 앞으로 나아가야 한다. 하지만 전방은 어둠뿐, "쌓인 어둠은 캄캄한 절벽을 만들어" 내고 있는 것이다.

　이 절망적인 도주가 어서 끝나기를 화자는 기원하는데, "조금만 더 가면 됩니다"라는 대답이 화자에게 들린다. 화자는 "저 말을 이해하는 데 오십 평생이 걸렸다"고 말한다. 화자의 이 진술은, 오십 년 전부터 들려왔던 '저 말'이 지금은 "진창의 삶에 징검다리를 놓아"준다는 것을 이해하게 되었다는 의미로 읽는다. '오십 평생' 암흑의 절벽을 건너며 앞으로 삶을 밀고 갈 수 있었던 것은, '조금만 더' 가면 끝나리라는 희망 때문이라는 것. 하나 그 희망이 '고문'이 되지 않기 위해서는 터널이 얼마 남았는지 "정확한 숫자가 필요하다"고 시인은 말한다. 그 '숫자'를 알자 "어둠 속 붉은 눈빛이 나를 조준"하기 시작한다. 어둠으로부터 벗어날 희망의 빛이 어둠 속에서 보이기 시작하는 것이다. '나'보다는 그 빛이 능동적이다. 즉 시선을 던지는 것은 빛 쪽이다. '나'를 바라보고 있는 눈빛을 찾아내는 것, 그것이 삶에 희망을 가져다준다.

하지만 터널 속에서 앞으로만 나아가야 하는 삶을 살아왔던 시인은 그 빛을 찾아내기 힘들었을 터, 그래도 시인은 절망 속에서 빛을 잡아내는 존재자를 우연히 발견해낸다. 절름발이 개가 그 존재자다. "눈 하나/다리 하나뿐인 개들이" "한쪽 눈으로 부딪치고/한쪽 다리로 점프하면서/주인을 앞서거니 뒤서거니"(「날 수 있을지도 몰라」) 하는 경이로운 개의 모습에서. 절망적인 신체적 장애를 극복하고 활력 있게 뛰노는 저 개로부터 시인은 "노을 끝자락을 물고"(같은 시) 있다는 시적 이미지를 포착한다. 사라지고 있지만 그래도 아직 남아 있는 빛을 붙잡은 개. 어둠 속을 달리고 살아가야 하는 시인은 이 개에게서 삶의 표본을 발견한 것인지 모른다.

시인은 「바라보는 방식에 대하여」에서도 장애견에 대한 관찰을 계속한다. "오른쪽 앞다리가 없"지만 "뒤뚱거리며 물가로 달려가는 강아지"에 대한 관찰이다. "동네 개들은 세 발 강아지를 비켜" 가지만, 그 강아지는 아랑곳하지 않고 "꼬리를 꼿꼿하게 올"리고 "한참 멀리도 갔다가 되돌아"온다. 화자는 이로부터 "목련나무 가지에 핀 꽃봉오리 하나"가 그 "강아지 꼬리로 옮겨왔다"는 시적 이미지를 얻는다. 절망적이었을 강아지의 삶에, 꽃 피우는 봄의 훈풍이 불어오는 이미지를 본 것이다. 하여 따듯한 봄빛이 서려 있는 저 '꼬리-꽃봉오리' 이미지는 아래 시에서 '촛불'의 이미지로 전이되기도 하는 것이다.

꽃봉오리가 촛불 같아

그날부터 꽃몸살이 시작되었다

밤마다 의식을 치르는 꽃

흰색은 하늘과 맞닿아 있는 빛

불꽃이 아득한 곳에 닿을 것만 같아

에스프레소를 마시며 뜬눈으로 지낼 때가 많았다

　　바람이 대문을 여닫는 소리

　　대문을 빠져나가는 흰 빛이 있었다
　　　　　　　　　　　　　- 「타오르는 흰빛」 전문

 이 시에서 시인은 더 이상 잠의 실로 시를 깁는 모습을 보이지 않는다. 그보다는 "밤마다 의식을 치르는 꽃"을 "에스프레소를 마시며 뜬눈으로" 응시하면서, 그 '촛불' 같은 '꽃봉오리'가 "하늘과 맞닿아" "아득한 곳에 닿을 것만 같"은 눈부신 환시에 도달한다. 여기서 시인에게 흰빛은 유령의 빛이 아니다. 그것은 아득한 곳으로 뻗어 있는 무한의 빛, 신성한 빛이다. 어둠의 터널을 달려온 시인에게 드디어 출구를 알려주는 빛이 눈부시게 나타나기 시작한 것일까. 그 빛은 절름발이 강아지의 꼬리에서 발견한 '꽃봉오리' 이미지로부터 전이되어 나타난 것, 다시 말해 강아지가 보여준 생의 활력이 꽃봉오리로, 불꽃으로 환유되면서 신성한 빛의 도래를 볼 수 있도록 시인을 이끈 것이라 하겠다. 「오래된 여름의 그늘」에서 시인은 "잎맥 사이로 새어 나오는 빛이 두 눈을 노크"하지만, 눈을 뜨다가 말고 "그늘 깊은 곳으로 빨려 들어가" "그늘이 그늘을 껴입는" 상태로 움츠러드는 모습을 보여준 바 있다. 하지만 저 "대문을 빠져나가는" 신성한 '흰빛'을 발견한 시인은, 이제 '나'의 문을 열고 나와 그 빛을 온몸으로 받아들이게 되는 것이다.

여자는 눈앞에 떠다니는 하얀 거품을 잡느라 정신이 없다 - 선크림은 바르지 마세요
 - 선글라스도 끼지 마세요
순수한 햇볕을 그대로 입으라는
해처럼 울렁거리는 말

비타민D가 부족해 생기는 병명과 먹지 말아야 할 음식들이 입에서
쉼표 없이 줄줄 나온다

남의 말을 잘 듣지 않는군요
내 귀는 오른쪽과 왼쪽이 어긋나 있다

그가 라디오 주파수를 맞추듯 머리에 침을 놓는다

문을 열고 나오자
새로 태어난 햇빛 알갱이들이 눈으로 귀로 쏟아져 들어

왔다

다시 우주와 연결되는 기분

햇빛을 쬐자 팔다리에 피가 돌았다
외투를 벗자 접혀 있던 날개가 파닥거렸다
달거리를 시작한 여자처럼 햇빛에서 비린내가 났다

- 「해의 무늬」 전문

이 시집에서 보기 드물게 환한 장면이다. 시인은 문을 열고 나오자 온몸 안으로 쏟아져 들어오는 '햇빛 알갱이들'을 강렬하게 느낀다. 이 강렬한 느낌은 '나'의 과거 삶에 갇혀 있던 시인이 "다시 우주와 연결되는 기분"으로 발산된다. 햇빛은 '나'의 바깥에 있는 모든 것인 우주와 연결시키며 '나'의 몸에 피를 돌게 한다. 삶의 활력을 불어넣어 주는 것이다. 이에 시인은 '나'의 껍질이라 할 외투도 벗어버린다. 그러자 '날 듯' 뛰어다니던 절름발이 강아지처럼, 날아갈 것 같은 기분이 든다. "접혀 있던 날개가 파닥거"리는 것이다. 그와 동시에 시인의 몸에 새로운 피가 되어준 햇빛에는 "달거리를 시작한 여자"의 '비린내'가 나기 시작한다. 시인에게 새로 생명력을 넣어준 '피-빛'은, 출산의 고통에 대한 기억을 안고 있는 시인을 다시 새 생명을 낳을 수 있는 존재자로 탈바꿈해 준 것이다.

5

 햇빛을 온몸으로 받아들여 우주와 연결될 수 있게 된 시인은, "몸에 창을 내기 시작"(「쏟아지는 비상구」)한다. 몸에 빛을 더 잘 받아들일 수 있는 장치를 마련하고자 하는 것이다. 이 「쏟아지는 비상구」에서의 화자는 귀를 뚫기도 하고 두 개의 눈을 네 개의 눈으로 늘리기도 한다. "몸의 구석진 곳마다" 창을 달기도 한다. 그러자 빛만 아니라 "사방연속무늬로 쏟아지는 빗줄기"도 받아들일 수 있는 몸이 된다. 그 빗줄기가 "오케스트라를 연주"한다는 것을 들을 수 있는 몸이 된 것이다. 시인이 우주와 연결되는 창을 냄으로써 일어난 몸의 변화다. 빛과 비를 몸으로 받아들이며 생명을 지속시키고 재생산하는 존재자, 이러한 존재자는 식물과 같은 존재자 아니겠는가. 정문정 시인은 이를 잘 의식하고 있는 듯하다. 아래 시의 화자가 청자에게 나무가 되라고 권하고 있는 것을 보면 말이다.

 초식으로 살래요
 정직한 맛에 길들여지지 않을 거예요

 초록을 먹으면 눈동자 속에 이슬이 맺히고

연못에 산들바람이 부네요

푸른 물을 줄 테니
땅속 안부를 물어봐 줘요
시멘트 바닥은 땅을 밀어내고
한쪽 다리가 허공에서 사라졌거든요

엄지발가락에 못을 박고
폐부에 공기를 가득 채우면
겨드랑이에서 잎이 나와요
발바닥 잔뿌리가 땅속을 간질일 때
두 손을 힘껏 위로 밀어 올리는
허공의 합장은 이제 나무가 되는 거예요

더 힘차게 아래로 뻗어나가세요
무성한 나뭇잎이 휘파람이 될 때까지

- 「한통속이 될래요」 전문

아마 위의 시의 화자는 도시화로 깔린 시멘트로 "한쪽 다리가 허공에서 사라"진 나무일 터이다. 그렇다면 이 시는, 한쪽 다리를 잃은 강아지처럼 불구가 된 나무가 청자-시인 및 우리-에게 '한통속이' 되자고 권유하는 시라고 하겠다. 나무는 청자에게 "초록을 먹으면 눈동자 속에 이슬이 맺히고/연못에 산들바람이" 분다면서 초식을 권한다. 초식을 하면서 "폐부에 공기를 가득 채우면/겨드랑이에서 잎이 나"오기 시작하고, "두 손을 힘껏 위로 밀어 올리"면 "허공의 합창"과 함께 '나무 되기'가 이루어진다는 것이다. 초록을 먹다 보면 초록의 존재와 '한통속'이 된다는 것, 이에 화자는 청자에게 나무가 되기 위해 "더 힘차게 아래로 뻗어나가"라고 응원한다. 이 '식물 되기'의 과정에서 호수-위의 시에서는 연못-는 현실과 잠 사이의 안개 자욱한 혼종 지대가 더 이상 아니다. 그곳에는 상쾌한 '산들바람'이 불고 있는 것이다. 햇빛과 비를 온몸으로 맞아들이면서 우주와 연결되고, 새로이 생명력을 얻어 식물처럼 성장하는 영혼은 더 이상 과거의 기억으로부터 고통받지 않기 때문일 테다. 식물 되기에 돌입한 시인에게 '과거-연못'은 '나'와 연결된 우주의 일부가 될 뿐이며, 그는 그곳에서 산뜻한 산책을 할 수 있게 될 것이다. 정문정 시인이 '식물 되기'에 돌입했는지 아닌지는 아직 알 수 없지만, 앞으로 이 '식물 되기'가 그의 시작詩作을 새로이 시작하는 동력이 되지 않을까 추측해보며 이 글을 마친다.

상상인 시인선 *084*

내 이름을
별하라
불러주면
좋겠어

지은이 정문정
초판인쇄 2025년 9월 11일 **초판발행** 2025년 9월 17일
펴낸곳 도서출판 상상인 **편집주간** 황정산 **펴낸이** 진혜진
표지디자인 최혜원 **기획·마케팅** 전은빈 최유림 노혜림 정현수
책임교정 종이시계 **편집** 세종PNP
등록번호 제572-96-00959호 **등록일자** 2019년 6월 25일
주소 06621 서울시 서초구 서초대로74길 29, 904호
전화번호 02-747-1367, 010-7371-1871
팩스 02-747-1877 **전자우편** ssaangin@hanmail.net

ISBN 979-11-7490-008-1 (03810)

값 12,000원

* 이 책은 전부 또는 일부 내용을 재사용하려면 반드시 저작권자와 도서출판 상상인의 동의를 받아야 합니다.

* 이 도서의 국립중앙도서관 출판시도서목록(CIP)은 서지정보유통지원시스템 홈페이지(http://seoji.nl.go.kr)와 국가자료공동목록시스템(http://www.nl.go.kr/kolisnet)에서 이용하실 수 있습니다.